AF299731

CATALOGUE

D'ESTAMPES

ET LIVRES D'ARCHITECTURE,

Détaillé par Vacation & Numero, dont la Vente se fera au plus offrant & dernier enchérisseur, le Mercredi i Décembre & jours suivants 1756.

Rue S. Jacques, la premiere Porte-Cochere au-dessus de la rue des Noyers.

Par F. BASAN

A PARIS,

Chez BALLARD, seul Imprimeur du Roi pour la Musique, & Noteur de la Chapelle de S. M. rue S. Jean-de-Beauvais, à Ste. Cécile.

M. DCC. LVI.

AVERTISSEMENT.

COMME à tout Volume petit ou gros on eſt accoutumé de voir un Avertiſſement, j'eſpere que l'on voudra bien me paſſer celui-ci auquel j'ai tâché de ne donner que la longueur proportionnée au préſent Catalogue. Je l'ai diſpoſé tout differemment que ceux que l'on a fait depuis longtems à Paris, quoique l'arrangement en ſoit bon, le mien m'a parû meilleur, puiſque j'abrege & évite la peine de courir d'un bout à l'autre du Catalogue, le Numero qui va ou doit être vendû; en cela j'ai ſuivi la méthode Angloiſe qui m'a parû meilleur que la nôtre, parce que ſi je me trouve dans la vente, je vois d'un coup d'œil dans mon Catalogue tout ce qui ſera vendû pendant la vacation.

En Angleterre on voit bien plus communément des ventes de curioſités qu'ici, parce qu'elles ſe font plus ſouvent par dégout qu'après décès, & l'on n'y a point à cet égard le même préjugé qu'en France. Comme les hommes y ſont les mêmes & qu'ils ne doivent point ſe piquer à certains égards de plus de conſtance les uns que les autres, ce préjugé devroit ſe vaincre auſſi facilement que chez eux, & ne point donner matiere à une converſation ironique, car tout le monde ſçait que la jouiſſance eſt le tombeau de toutes choſes, ſurtout de celles qui font les délices & l'amuſement de l'eſprit; on ne peut pas toujours admirer le Soleil, le même Tableau, n'y la même Eſtampe; ſouvent celui qui aura paſſé trois mois, ſans preſque ſortir, pour admirer les curioſités dont ſon gout, & ſon bien, l'ont rendû nouvellement poſſeſſeur, & qui aura dépenſé beaucoup, pour traiter & recevoir ſuivant ſon état,

 # AVERTISSEMENT.

les admirateurs de sa curiosité, au bout de ce tems
un autre objet survient, il change, & fait varieté
d'amusemens, & nous ne voyons que trop souvent,
un Pot, ou un Magot de la Chine, prévaloir dans
le cœur & coffre d'un galant homme, sur le plus
beau Tableau & le plus beau bronze du monde.
(Preuve donc de ce que j'avance,) Heureux celui
qui peut sans se gêner se satisfaire dans ses gouts
universels ; mais combien y en a t'-il. C'est pour-
quoi il ne faut donc point que cela paroisse plus
surprenant ici qu'à Londre, lorsqu'un homme annon-
ce la vente d'effets qui lui sont inutiles pour le
moment, puisqu'ils le privent d'autre chose dont
son gout seroit plus flatté. Aujourd'hui Lycandre
veut se faire traîner dans un Char élégant, orné de
la plus belle dorure & du plus beau vernis accom-
pagné de trois grands Laquais derriere, qui exce-
dent trois ou quatre pied l'imperial ; demain tout
Paris l'aura vû, tout le monde le sçaura, après demain il ne s'en souciera plus, il faudra autre
chose pour ne pas le rendre a charge à lui-même,
il est cependant des hommes connûs de cœur & d'es-
prit, dont le gout & le mérite universel mettent
au-dessus de tout.

CATALOGUE
D'ESTAMPES.

PREMIERE VACATION.

N°.

1. 37 Stampes d'après Raphaël & autr.
2. La Galathée, d'après Raphaël.
3. 34 Estampes, vues de Rome & autres pieces.
4. 19 Estampes en clair obscur d'après Raphaël, & autres.
5. 14 Estampes, d'après Raphaël, dont la Transfiguration, par *Dorigny*.
6. 3 Estampes, dont deux d'après Raphaël & une grande These de *Spierre*.
8. 46 Morceaux, des Peintures du vatican, par *Chapron*.
8. 37 Estampes, d'après le Dommicain *L'enfranc*, & autres.
9. 78 Pieces d'après de grands Maîtres Italiens dont plusieurs Eaux fortes, du *Guide*.
10. 30 Eaux fortes, du *Carrache*, *Guide* & autres.

A

11. 30 Figures, *D'anatomie du Titien* & autres.
12.   Les Pelerins d'Emaus, d'après le Titien,
       par *Masson*.
13. 14 Estampes, d'inventions de *Piranese*.
14. 23 Paysages, d'après Salvator, Rose, Gaspe &c.
15. 24 Paysages inventés & gravés par *Marco Ricci*.
16. 10 Estampes, du Volume de *Crozat*.
17.   La Sainte Famille, d'après C. Maratte,
       par *Smyth*, bonne épreuve.
18. 21 Estampes, d'après differents Maîtres, du
       Cabinet de Reynst.
19. 12 Estampes, d'après Rubens, & Ecole.
20. 12 Comtesses de Vandyck
 2. 4   Estampes, de devotion d'après Quellinus,
       par *Bolsvert*.
22. 6 Piéces de *Rembrandt*, dont le Lazarre
       ressuscité, l'Ecce-Homo &c.
23. 20 Piéces *Idem*, Portraits, & sujets.
24. 39 Estampes, de *Goltius & Sadeler*.
25. 70 Estampes, de *Sadeler*, C. Cort, M. *de vos.*
26. 53 Estampes, de *Goltius*, & *Ghein.*
27. 7 Estampes, de *Lairesse* & autres.
28. 12 Estampes, de Major, *Vivares*, & autres.
29. 25 Marines, & vues Anglaises.
30. 15 Portraits d'Hommes, & de Femmes par
       Smyth.
31. 104 Piéces composant l'Art de Sculpture par
       le fameux *Bossuyt*, Gravé à Amster-
       dam en 1737.
32. 27 Feuilles de fruits, & plantes differentes
       avec leurs descriptions & très bien
       colorées.
33. 65 Paysages, *d'Everdingen.*
34. 313 Piéces de *Tempeste* ancien Testament, &
       Metamorphose.
35. 71 Estampes Gravées en bois par *Albert-dur.*
36. 259 Figures de Geometrie de le *Clerc.*
37. 2 Estampes de le *Clerc*, la Pierre du Louvre,
       & l'Arc de Triomphe.

38. 50 Piéces de *Callot*, dont le parterre & la rue de Nancy, la Nobleſſe, les exercices Militaires &c.

39. 15 Batailles du grand Duc, par *Callot*.

40. 16 Payſages du *Bourdon*.

41. 29 Eſtampes de *Mellan*.

42. 41 Eſtampes d'après le Brun, répréſentant des Fontaines &c.

43. 5 Mauſolés, par *Cochin*.

44. 32 Comedies, de Moliere, gravées d'après les deſſeins de Boucher, par *L. Cars*, bonnes épreuves.

45. 26 Eſtampes, d'après Jeaurat, & Nattier.

46. 20 Eſtampes, d'après Vatteau, & Lancret.

47. 23 Eſtampes, d'après loypel, & Cazes.

48. 154 Eſtampes, d'Oiſeaux, & animaux quadrupedes.

46. 80 Portraits de differents Maîtres.

50. 52 Portraits de Rigaud & autres dont Mr. de *Vintimille*.

51. 16 Portraits, d'après Rigaud & autres.

52. 12 Portraits, *Idem*.

53. 35 Portraits differents gravés, par *Daullé*, & autres.

53. 54 Portraits de differents Maîtres.

V O L U M E S.

55. 1 Volmme in-4°. Oblong. Contenant 216 Cartes de la France.

56. 1 Vol. infol. Oblong. Contenant 83 feuilles de Fragmens d'Architecture, *D'oppenort*.

57. 1 Vol. in-8°. Traité de Geometrie de le *Clerc* avec les Figures de Cochin, Paris 1744.

58. 1 Vol. in-4°. Perſpective Pratique inceſſaire à tous Artiſtes par le P. *Dubrueil* Jeſuite, Paris 1662.

59. 1 Vol. in-4°. Metamorphofes d'Ovide en rendeaux avec les Figures de le *Clerc*, & autres.

60. 1 Vol. in-4°. Cours d'Architecture , de *Daviler*.

SECONDE VACATION.

1. 41 Eftampes, d'après Raphaël & autres grands Maîtres.

2. 42 Morceaux d'après , Raphaël , carrache , & autres.

3. 50 Eftampes, d'après le Carrache.

4. 36 Eftampes , d'après le Barroche , & autres dont la Ste. Famille de *Briccio* , belle épreuve.

5. 22 Eftampes , d'après le Guide & autres.

6. 2 Belles Eftampes , d'après le Guide , & André-zachi Gravées a Londres , par *Strange*.

7. 16 Eftampes , d'après le Guide , & autres Gravées par *Poilly*.

8. 79 Eftampes , d'après Salvator Rofe , dont 8 Gravées par lui-même.

9. 35 Eftampes , d'après P. de Cortone &c.

10. 45 Morceaux d'après Titien , par *Veronefe*.

11. 94 Petites Vues de Rome , par *Piranefe*.

12. 23 Eftampes, d'après Vaudeck , & Rubens , dont le portement de Croix & le jugement de Paris.

13. 8 Sujet de la fable , d'après Jordans.

14. 32 Eftampes, de *Rembrandt* , & d'après.

15. 21 Eftampes , de *Vifcher* , & *Hollard* , dont la Suzanne du *Guide* , & la Catedrâle d'Anvers.

16. 14 Comtes de Flandres , & d'Hollande gravés par *Suyderoef*.

17. 28 Piéces, gravés par differents bons Maîtres

d'après Vauvermans, Berghem & autres.

18. 64 Eftampes de *Saerdam, Blomaert*, & *Goltius*.

19. 57 Eftampes de *Blomaert*, dont les Hermites Hommes & Femmes.

20. 9 Eftampes gravées par *Saerdam*, & *Goltius*, fuperbes épreuves.

21. 36 Eftampes, d'après Teniers, & autres.

22. 53 Piéces de *Guillembaure* par M. *Kuffel*, vie, & paffion de notre Seigneur.

23. 21 Eftampes, en maniere noire, gravées par *Faber*, & autres, dont Guillaume III. à Cheva¹.

24. 15 Idem dont le Concert & les Jeux d'enfants.

25. 54 Eftampes de *Mellan*.

26. 20 Eftampes de la Belle Chaffe, & Turcs à cheval.

27. 157 Eftampes, de *Callot*, & d'après.

28. 29 Piéces de *Callot*, dont la grande Paffion.

29. 111 Morceaux de le *Clerc*.

30. 104 Piéces de le *Clerc*, figure d'Academie, Principes de deffein, caracteres des Paffions.

31. 23 Eftampes d'après de Troy, & autres.

32. 335 Medailles du regne de Louis 14 d'après Coypel, & autres.

33. 30 Figures de Daphnis & Chloé, premieres épreuves. La 30ᵉ. originale.

34. 64 Eftampes, de la Hyre, & autres.

35. 19 Eftampes, d'après Vouet.

36. 3 Batailles du Czar.

37. 16 Eftampes, d'après Coypel, & autres.

38. 21 Eftampes, d'après Boucher, & Chardin.

39. 29 Eftampes, d'après Vatteau, & autres.

40. 23 Eftampes Modernes, Flamandes, & Françaifes.

41. 51 Eftampes, de Vaudermeulen, & autres.

42. 38 Eftampes, d'Oifeaux, d'après Robert.

6 CATALOGUE

43. 56 Eſtampes , de differents Maîtres.
44. 58 Payſages , d'après Perelle & Silveſtre.
45. 120 Deſſeins de Parrocel , & autres.
46. 10 Portraits d'après Rigaud, & autres, dont
    Rouſſeau & Crebillon.
47. 5 Portraits d'après Rigaud , dont Mr. de
    Beauvau.
48. 41 Portaits d'après Rigaud & autres.
49. 1 Comte d'Harcourt gravé par *Maſſon* ,
    appellé communement Cadet à la Perle.
50. 6 Portraits de Rigaud dont Samuel Bernard ,
51. 4 Grandes Fêtes, par *Cohin*.
52. 72 Eſtampes , Feux & Catafalques differents.

VOLUMES.

53. 1 Volume in-4°. Oblong contenant les Pein-
    tures du Vatican, par differents Graveurs.
54. 1 Volume in-4°. contenant 19 Portraits de
    Cardinaux & autres.
55. 1 Vol. in-8°. Traité des cinq Ordres d'Ar-
    chitecture , traduit du Palladio , par
    le Sr. *Lemuet* , Paris *1665*.
56. 1 Vol. in-4°. broché de Francifci Figuris
    comicis &c, Rome 1754.
57. 1 Grand volume Oblong , admiranda Roma-
    norum &c.
58. 1 Volume in-fol. l'Architecture de Vitruve
    avec des Figures de le *Clerc* Paris 1673.
59. 1 Vol. Contenant les Tapiſſeries du Roi
    avec leurs deviſes par le *Clerc*.
60. 1 Volume de 20 Modes de *Bonnart*.

TROISIEME VACATION.

1. 68 Eſtampes , d'après Raphaël , Carrache &
   autres.
2. 14 Eſtampes , de *Spierre* & *Blomaert* , dont la
   Chaire de St. Pierre.

3. 18 Eſtampes, en clair obſcur, d'après le Par-
   -meſan & autres dont le Diogene.
4. 5 Eſtampes, d'après le Carrache, dont N.S,
   au Jardin, par *Voſterman*, ſuperbe
   épreuve.
5. 24 Eſtampes, d'après la Mutian, & autres.
6. Les Trophées d'Auguſte par *Piraneſe* en
   9 piéces.
7. 29 Payſages, d'après le *Titien*.
8. 30 Payſages de *Booth*, & autres.
9. 17 Eſtampes, d'après Vauvermans & Berghem,
   dont quinze gravées par *Moyreau*.
10. Le Trone de la Juſtice, par *Wittevall*,
    en 12 piéces.
11. 12 Eſtampes de *Blomaert* & *Goltius*.
12. 20 Payſages de *Vandvelde* & autres.
13. 12 Payſages gravés par *Vivarés*, & autres,
    d'après Palini, Zuccarelly &c.
14. 19 Eſtampes, d'après Berghem, & Teniers,
    gravées par *Viſcher*, & autres
15. 12 Mois de l'année, d'après Vildens, gravés
    par *Matham* & autres.
16. 8 Eſtampes d'après Rubens, dont le Maſſacre
    des Innocens en deux feuilles.
17. 40 Eſtampes, de *Rubens* & *Hollard*.
18. 50 Eſtampes, d'apès Guillembaure, par M.
    Kuſſell, Sujets, Architecture, & Pay-
    ſages.
19. 20 Feuilles d'Animaux differents, par *Re-*
    dinger.
20. 180 Eſtampes, gravées en bois, par *Albertdur*.
21. 66 Eſtampes, d'Animaux d'après, Berghem,
    Potter, & Roos.
22. 12 Eſtampes, de *Rembrandt*, Sujets & Por-
    traits, dont Fauſtrius, France, Le Jeu-
    ne, Haaring, deux épreuves differentes
    ſçavoir l'une dont la planche a été coupée,
    & l'autre avant.

23. 15 Eſtampes , de N. de *Brüyn* , d'après Winck Boons , & autres.

24. 1 Titres des Mariages , de *Picart* , ſuperbes épreuves.

25. 22 Eſtampes , en maniere noir d'après Titien & autres.

26. 23 Marines & Vues anglaiſes , de differents pays.

27. 64 Eſtampes de *Callot* , dont les Martyrs & le nouveau Teſtament.

28. 54 Eſtampes de *Callot* , ſçavoir , la Nobleſſe , les Apôtres , les Gueux &c.

29. 102 Eſtampes , de *Callot*.

30. 55 Eſtampe , de le *Clerc* , Vignettes & Cartes Geographiques , dont pluſieurs peu communes.

31. 30 Eſtampes , de le *Clerc* , dont celles de l'ordre du Saint Eſprit.

32. 13 Eſtampes , d'après Vanloo , Bouchardon , de Troy &c.

33. 8 Eſtampes , de le *Brun* , Hiſtoire de Meleâgre.

34. 7 Sacrements , en grand du Pouſſin.

35. 42 Eſtampes de *Mellan*.

36. 15 Eſtampes , d'après Vatteau , & Gillot.

37. 24 Eſtampes , d'après Vouet , & la Hyre.

38. 17 Eſtampes , d'après divers Maîtres Français.

39. L'anatomie de la Tête , Eſtampes en couleur , par *Gautier*.

40. 29 Eſtampes , d'après le Brun , Cochin , & Coypel.

41. 16 Eſtampes , d'après Coypel , grandes & petites.

42. 32 Morceaux , d'après Coypel.

43. Les Medailles du regne de Louis 15 par *Godoneche*.

44. 73 Eſtampes , d'après differents Maitres , le *Pautre* &c.

45

45. 6 Cartons Peints pour des Sylindres
46. 1 Paquet de desseins de differents Maîtres.
47. 100 Paysages de differents Maîtres.
48. 70 Morceaux de differents Maîtres.
49. 1 Portraits de S. Bernard, superbe épreuve.
50. 21 Portraits, d'après Rigaud & autres, dont Mr. de Vintimille.
51. 60 Portraits, Idem, par *Edelinck* & autres.
52. 3 Portraits, d'après Rigaud, par *Drevet*, le M. de Villats, le C. de Sinsendorf, le C. de Toulouse, Beaux d'epreuves.
53. 80 Portraits de Nanteuil, & autres.
54. 26 Portraits, d'Edelinck.

VOLUMES.

55. 1 Volume in-4°. Oblong couvert en parchemin contenant les Peintures du Vatican, gravées à l'eau forte par differents Maîtres.
56. 1 Vol. in-8°. contenant 264 Piéces gravées d'après des Pierres antiques.
57. 1 Vol. in-fol. en parchemin, Architecture universelle de Vincent Scamozzi.
58. 1 Vol. in-fol. contenant les Peintures des Sepulchres d'Ovide avec description Italienne à Rome 1702
59. 1 Vol. in-fol. contenant l'Œuvre de Marot Pere & Fils.
60. Les Fêtes donnees à Paris à l'occasion du Mariage de Madame, Infante d'Espagne, gravées, par *Cochin*.

QUATRIE'ME VACATION.

1. 17 Estampes, de M. Antoine, d'après Raphael, & autres.

B

2. 5 Eſtampes, d'après Raphaël, dont la Sainte Famille avec les armes.

3. 31 Eſtampes, d'après Raphaël, & Correge, dont le plafond en 15 piéces gravées par *Vanni*.

4. 37 Eſtampes, de *Polidore* & autres.

5. 26 Eſtampes, du *Benedette, Caſtilione* & autres.

6. 20 Eſtampes, d'après L'albane, Lanfranc & autres.

7. 16 Piéces d'après Lanfranc, les 12 Apôtres, & le plafond des Jeſuites de Naples.

8. 30 Eſtampes, par *Piraneſe*, Arcs de Triomphe, & antiquités de Rome.

9. 19 Deſſeins de différents Maîtres de l'Ecole d'Italie.

10. 55 Eſtampes, de *Vanorley* & autres.

11. 13 Eſtampes, de *Romyn, Hoogue*.

12. 30 Eſtampes, d'après Vandeck, & Rubens.

13. 9 Eſtampes, d'après Rubens, & École.

14. 8 Sujets de devotion, d'après Jordans.

15. 12 Eſtampes, de *Viſcher, & Suyderoeſ*.

16. 18 Eſtampes, de *Rembrandt*, dont l'Ecce Homo, & pendant.

17. 27 Piéces de *Rembradnt*, dont pluſieurs de ſes Portraits différents.

18. 37 Morceaux inventés & gravés par *Adrien-Van. Oſtade*, Payſages, & Chambrées, toutes bonnes épreuves.

19. 54 Payſages de *Vaudvelde, & Bamboche*.

20. 7 Eſtampes, de *Laireſſe*, anciennes épreuves.

21. 43 Eſtampes, d'après Guillembaure, par M. *Kuſſel*, dont les Vertus & les Vues, Marines & Payſages.

22. 31 Payſages de *Sadeler* & autres.

23. 15 Portraits d'Hommes & de Femmes, par *Smyth*, dont *Miſſ. Croſſ.* &c.

24. 8 Eſtampes, en Maniere noire de *Verkcolye*, & autres.

25. 7 Grands Payſages, gravés en Angleterre, d'après le Pouſſin, & autres.

26. 215 Piéces de Tempêtes, dont les Metamor‑phoſes &c.

27. 240 Eſtampes, de *T. de Brye*, & autres.

28. 133 Eſtampes, gravées en bois par *Albert-dur*.

29. 10 Vignettes de *Picart*, dont celles de Marie Stuart & Charles I. Decapités.

30. 74 Eſtampes, de la Belle.

31. 10 Eſtampes, de devotion, de le *Brun*, & autres.

32. 1 Eſtampe, d'après le Pouſſin, gravée par *Gerard Audrau*, & regardé commē ſon chef d'œuvres, elle répréſente le Tems qui enleve la verité, cette épreuve eſt avant la draperie, & la lettre.

33. 15 Eſtampes, de devotion, d'après le Brun, Natoire & autres.

34. 11 Eſtampes, d'après le Brun, & Coypel.

35. 19 Eſtampes, Sujets de devotion, par *Poilly*, & autres.

36. 43 Eſtampes, de *Callot*, dont le petit por‑tement de croix rare ; la vie de la Viet‑ge en petit, les Penitens & le Banquets.

37. 50 Piéces de *Callot*, ſçavoir les Grandes miſeres de la Guerre, les Fontaines, & les éxercices Militaires.

38. 50 Eſtampes, de le *Clerc*, dont l'Arc de Triomphe, & Vignettes.

39. 174 Eſtampes, de le *Clerc*, dont le nouveau Teſtament.

40. 1 Eſtampe répréſentant, le Monument à la gloire & mémoire de Louis XIV. élevé dans la ville de Rennes, par les États de Bretagne, exéccuté en Bronze par le *Moine*, & gravé par *Dupuis*.

41. 14 Eſtampes, d'après Boucher, le Moine, & autres.

42. 30 Eaux fortes de differents Peintres , &
graveurs François.

43. 19 Eſtampes , d'après Vatteau & Lancret.

44. 30 Eſtampes , de *Vandermeulen* , & autres.

45. 26 Contes de la Fontaine , gravés par de
Larmeſſin.

46. 60 Payſages du Bourdon & Perelle.

47. 130 Feuilles d'Ornements de *Stella* , & autres.

48.   L'Hiſtoire de Samſon , par *Verdier* , en
40 Piéecs.

49. 4 Portraits d'après Rigaud , dont Louis 14
en pied , par *Drevet*.

50. 2 Beaux Portraits gravés par *Daullé* , dont
Gendron d'après Rigaud , & Mr. Ne-
ſtier à cheval.

51. 15 Portraits D'artiſtes.

52. 14 Portraits de Rigaud , & Largilliere.

53. 51 Portraits de Nanteuil , & autres.

54. 48 Portraits de Nanteuil , & autres.

V O L U M E S.

55. 1. Volume in-8°. en parchemin , contenant une grande quantité d'habillemens
antiques & modernes de diverſes par-
ties du Monde dont le diſcours eſt Ita-
lien , & les figures gravées en bois.

56. 1 Volume in-fol. en parchemin , Palazzi di
genova.

57. 1 Volume in-fol. Oblong couverr en parchemin contenant les Peintures du Vatican , gravés par *Aquila*.

58. 1 Volume in-fol. en parchemin , contenant
la Perſpective curieuſe , par Niceron ,
Minime.

59. 1 Vol. relié petit in-4°. contenant la Géo-
metrie pratique , par *Clermont.*

60. 1 Gros vol. in-fol. très bien relié contenant les Medailles du regne de Louis XIV, édition de 1723.

CINQUIE'ME VACATION.

1. 72 Estampes, d'après Michel Ange, & autres.
2. 20 Estampes, d'après Cyro, Fer, & autres.
3. 77 Morceaux du *Carrache*, & d'après.
4. 15 Estampes, du Cabinet du Roi, d'après Carrache.
5. 2 Traités d'Architecture, par *Vignol*.
6. 12 Estampes, répréfentant les Arts & metiers, très bien gravées à l'eau forte, par *Curti*, d'après Tamburini.
7. 3 Livres d'Anatomie, & autres sujets.
8. 15 Estampes d'inventions de *Pirancfe*.
9. 1 Plan de Rome, par *Nolly*, en 19 feuilles.
10. 68 Morceaux, Monuments romains & piéces Topographiques.
11. 80 Paysages, *d'Everdingen*, & autres.]
12. 11 Piéces de *Vandvelde*, & Gout.
13. 155 Estampes, d'après differents Maîtres.
14. 35 Estampes, de *Sadeler*.
15. 42 Estampes, de *Sadeler*, & autres.
16. 39 Estampes, de *Sadeler*, & autres.
17. 24 Estampes, de *Blomarct*, *Saerdam*, & autres.
18. 9 Estampes, gravées par *Vifcher*, & *Suyderoct*.
19. 23 Estampes, d'après Berghem, par *Vifcher*, & *Danckerts*.
20. 6 Grandes Estampes, d'après Vouvermans, & Teniers, par *Major*, & autres.
21. Les 12 mois de l'année en 6 feuilles, d'après P. Bril, gravés par *Sadeler*.
22. Le Cabinet de Reynst. complet, en 34 feuilles, bien conditionné.

23. 17 Eſtampes, d'après Rubens.
24. 10 Eſtampes, d'après Rembrandt, par Mr.
    le C. *de Caylus*.
25. 37 Eſtampes, de *Rembrandt*, & d'après.
26. 12 Eſtampes, en maniere noire gravées par
    Faber, repréſentant les beautés & Fem-
    mes illuſtres *d'Angleterre*.
27. 6 Eſtampes, de *Smyth*, dont la Sainte Fa-
    mille, le Chriſt mort du *Carrache*, la
    Dormeuſe &c.
28. 50 Eſtampes, de *Picart*, & autres.
29. 18 Eſtampes, d'après Chardin, & autres.
30. 7   Grandes Fêtes differentes, par *Cochin*.
31. 50 Piéces de *Callot*, dont la grande Foire,
    les 4 Marines &c.
32. 74 Eſtampes, de le *Clerc*, & *Cochin*.
33. 21 Eſtampes, d'après le Pouſſin.
34.   Le plafond du grand eſcalier de Verſailles
    en 7 feuilles.
35. 21 Eſtampes, d'après Bouchardon.
36. 24 Eſtampes, d'après le Pouſſin, & autres.
37. 35 Eſtampes, de *Mellan*.
38. 9   Eſtampes, d'après le Bourdon.
39. 32 Eſtampes, modernes d'après Lancret,
    Paterre &c.
40. 104 Eſtampes, d'après differents Maîtres.
41.   L'Hiſtoire de Donquichotte en 24 piéces
    d'après *Coypel*.
42. 56 Portraits d'après differents maîtres.
43. 14 Portraits de Rigaud, & l'Argilliere.
44. 4 Portraits, dont celui de Dilgerns chef-
    d'œuvre *d'Edelinck*.
45. 14 Portraits d'après Rigaud, dont celui de M.
46. 160 Portraits divers.
47. 31 Portraits de Prélâts & autres.
48. 50 Portraits de differents maîtres.
49. 25 Portraits de Guerriers & Artiſtes.

50. 4 Portraits, dont Louis XV. à Cheval, d'après
    Parocel, par *Thomassin*.
51. 30 Estampes de *Bosse*.
52. 54 Vignettes de differents maîtres François.
53. 130 Desseins, Etudes, par *J. B. Oudry*.

VOLUMES.

54. 2 Volumes in-folio couverts en parchemin,
    contenant la perspective du Pere Pozzo,
    Jesuite, Rome 1723 & 1737.
55. 1 Grand vol. in-fol. bien relié, contenant,
    Opera del caval francesco Boromino &c.
    Rome 1720.
56. 1 Vol. Oblong, en parchemin, contenant
    les Peintures de Raphael, par differents
    graveurs.
57. 1 Vol. Oblong, en parchemin, contenant les
    travaux d'Ulysse, peints au Château de
    Fontainebleau.
58. 1 Vol. in-12. Contenant les premiers Elé-
    mens de la Peinture pratique, paris 1684.
59. 1. Vol. in-4°. Contenant un traité de perf-
    pective, par S. *Jeaurat*, paris 1750.
60. 1 Grand vol. contenant le plan de Paris, de
    M. *Turgot*.

SIXIE'ME VACATION.

1. 22 Estampes, d'après Raphael, par M. *Antoine* & autres.
2. 52 Estampes, d'après Raphael, gravées par
   Chapron.
3. 47 Estampes dont la plupart gravées par *le
   Carrache*.

4. La galerie Farnese en feuilles.
5. 12 Estampes à l'eau forte d'après les plus grands Maîtres Italiens, par *Mittellus*, dont 3 gravées par Ehinger dans le gout de S. Rose.
6. 14 Grandes vues de Rome par *Piranese*.
7. 11 Grandes vues de Rome par *Falda*.
8. 25 Paysages d'après Zuccarelly & autres.
9. 58 Estampes d'après Teniers , & Ferdinand Bol, dont les arts & metiers.
10. 10 Estampes, d'après Vouvermans & Ostade.
11. 20 Estampes , d'après Berghem , par Vischer & Danckerts.
12. 13 Estampes de Rubens & autres.
13. 6 Estampes de Rembrandt, dont la grande Marie Juive & le Paysage aux trois arbres très beau d'épreuve.
14. 20 Estampes de Rembrandt, dont le Samaritain , & plusieurs grands portraits.
15. 24 Estampes en maniere noire , Portraits & Sujets de differents Maîtres.
16. 5 Estampes en maniere noire , dont quatre Sujets de Smyth & les joueurs de cartes.
17. 84 Sujets de Fables d'un Maître Flamand.
17. 80 Paysages , *D'everdingen.*
18. 25 Grandes compositions de la Fage.
19. 32 Estampes de Meilau.
20. 16 Estampes d'après le Poussin , sujets & paysages.
21. 8 Piéces , sçavoir les 5 grandes estampes des batailles d'Aléxandre gravées par G. *Audran*, de l'impression de Goyton & très bien conditionnées, la sixiéme gravée par *Picart* le Romain, la bataille & le triomphe de Constantin qui font les 8 piéces & la suitte complette.

22. 15 Eſtampes de Labelle, & Callot, dont le Pont-neuf & l'entrée des Polonnois, le petit porte-Dieu & le S. Laurent.

23. 288 Eſtampes de Callot, des Saints de l'année.

23. *bis.* 55 Eſtampes de Callot, dont les ſuplices & les gueux.

24. 79 Eſtampes de le Clerc, & d'après.

25. 17 Eſtampes d'après Boucher & Natoire.

26. 40 Vignettes d'après Cochin & autres.

27. 22 Eſtampes, d'après Vatteau, & Gillot.

28. 46 Eſtampes d'après le Brun, Mignard &c

26. 6. Eſtampes, compoſant le plafond des petits appartements de Verſailles, d'après Mignard, le plafond de Saint Sulpice, & la Theſe, de le *Moine.*

30. 1 Paquet d'eſtampes, de differents Maîtres.

31. 73 Payſages de *Franciſque,* & autres.

32. 80 Eſtampes, de *Berrain,* & autres.

33. 52 Deſſeins, études de figures, & Chevaux, par J. B. *Oudry.*

33. 2 Articles de deſſeins d'Academies, de differents Maîtres.

34. 64 Portraits de Nanteuil, & autres.

35. 18 Portraits, d'après Vandyck, Rigaud & autres.

36. 12 Portraits, d'après Rigaud, dont Mrs Beauvau, & Pucelle.

37. 58 Portraits de Nanteuil.

38. 50 Portraits differents de Maſſon, & autres.

VOLUMES.

39. 1. Grand Volume broché contenant les Fêtes données à Straſbourg à la convaleſcence du Roi.

40. 1 Vol. in-4°. Principes d'Architecture & Sculpture, *De Felibien.*

41. 2 Grand Vol. in-folio bien rélié, contenant
    un nouveau Traité d'Architecture, par
    le Sr. *Nativelle* Architecte, Paris 1729.

42.   Plusieurs articles de Leçons Manuscrites
    d'architecture & Geometrie, très bien
    lavées, prises d'après les plus Grands
    Maîtres.

*A chaque Vacation on vendra plusieurs Ta-
bleaux & des Portefeuilles.*